2023離島統計年報
CD-ROM版

公益財団法人 日本離島センター

利用の手引き
〈CD-ROMのパッケージ開封前に必ずお読みください〉

1．収録データ
全国の離島に関する各種統計が「Excelデータ」と「PDFデータ」で収録されています。
このCD-ROMに収録した離島の一覧は3～9ページ、項目の一覧は10～19ページをご参照ください。

2．使用許諾条件
このCD-ROMのご使用にあたっては、下記の項目についてご承諾いただくことを条件といたします。
(1) このCD-ROMの著作権および編集著作権は、公益財団法人日本離島センターに帰属します。使用は個人の利用範囲内に限り、CD-ROMの内容の全部または一部の無断転載、このCD-ROMまたはこれを複写（複製を含む）したものを第三者へ無断譲渡または無断貸与することを禁じます。
(2) このCD-ROMを使用した際に生じた使用機器の動作不良、ハードウエア・ソフトウエアの損傷などの損害については、公益財団法人日本離島センターは一切責任を負いません。
(3) このCD-ROMに収録したデータは、正確性を期すべく可能な限り確認作業を行っていますが、その無誤謬性を保証するものではありません。

3．動作環境
このCD-ROMは、下記の動作環境で利用することができます。これ以外の環境下での動作は保証いたしません（記載の会社名・商品名は商標あるいは登録商標です）。

動作環境条件	アプリケーション
OS Windows 11	表計算ソフトMicrosoft Excel
CPU 各OS推奨	ブラウザ Microscft Edge
メモリ 各OS推奨	
CD-ROM 32倍速以上	

※Windows、Edge、Excelは、米国Microsoft Corporationの米国ならびにその他の国における登録商標または商標です。
※Adobe、Acrobatは、Adobe Inc.（アドビ社）の米国ならびに他の国における商標または登録商標です。

以上の点についてご理解・ご承諾の上、ご利用ください。CD-ROMのパッケージ開封後は、返品・交換等は一切お受けいたしません。

©公益財団法人日本離島センター Center for Research and Promotion of Japanese Islands 2025 Made in Japan

Ⅰ.操作方法

1. CD-ROMのフォルダーを開く

このCD-ROMをドライブに挿入してエクスプローラーでフォルダーを開いてください。各種統計のファイルが収録されたフォルダー（画面1）が表示されます。

画面1 「CD-ROM収録フォルダー」

2. 項目別統計表（Excel）

画面1のフォルダー「1 項目別統計表（Excel）」を開いてください。項目別ファイルの一覧が表示されます。

表示したいファイルをダブルクリックすれば項目別ファイル（画面2）が開きます。

画面2
「項目別統計表（Excel）フォルダー」

項目別統計表は、基本的に「利用上の注意」「都道県」「詳細」「詳細（集計行非表示）」の4つのシートで構成されています。
- 「利用上の注意」：統計表の摘要
- 「都道県」：都道県別データ
- 「詳 細」：島別データ
- 「詳細（集計行非表示）」：島別データから「合計」「小計」「計」の
  　　　　　　　　　　　　　すべての行を除いたもの

切り替えは画面左下のシート見出しをクリックします（画面3）。

画面3 「シート見出し」

なお、ファイルは読み取り専用になっているため上書き保存できません。画面4のメッセージが表示された場合は「OK」をクリックしてください。

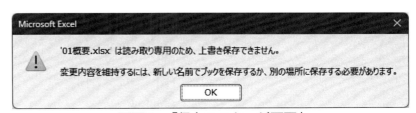
画面4 「保存メッセージ画面」

3．島別統計表（Excel）

画面1のフォルダー「2　島別統計表（Excel）」を開いてください。都道県のフォルダー（画面5）が表示されます。表示したい都道県のフォルダーをダブルクリックしてフォルダー（画面6）を開き、目的の島のファイルをダブルクリックすれば島ファイル（画面7）が開きます。

なお、島別統計表には、以下の項目は含まれておりません。
⑦水産業現況
⑫港湾・航路現況
⑬空路・航空路現況

画面5
「都道県選択フォルダー」

画面6
「都道県別フォルダー」

「種別／区分」欄の用語の意味は以下のとおりです。

種別／区分	用語の意味
内・近（内海・本土近接型離島）	本土の中心的な都市から航路2時間圏内にあり、かつ航路の欠航がほとんどないと考えられる離島（湖沼内に位置する内水面離島を含む）
外・近（外海・本土近接型離島）	本土の中心的な都市から航路1時間圏内にある内海・本土近接型以外の離島
群・主（群島主島型離島）	本土の中心的な都市から航路1時間圏外にある群島（人口概ね5,000人以上の大型島を中心とし、それに航路1時間以内で近接する複数の離島）の中心的な離島
群・属（群島属島型離島）	群島主島以外の群島型離島
孤・大（孤立大型離島）	上記以外の離島で、かつ人口概ね5,000人以上の孤立離島
孤・小（孤立小型離島）	孤立大型以外の孤立離島
全　域（全域指定市町村）	行政区域の全域または大部分が離島振興法等に基づく指定地域に指定されている市町村
一　部（一部指定市町村）	行政区域の一部が離島振興法等に基づく指定地域に指定されている市町村

画面7「島別統計ファイル」

4．項目別統計表（PDF）

画面1のフォルダー「3　項目別統計表（PDF）」を開いてください。項目別ファイルの一覧（画面8）が表示されます。
表示したいファイルをダブルクリックすれば項目別ファイルが開きます。

画面8
「項目別統計表（PDF）フォルダー」

項目別ファイルは複数のページで構成されています。ページの切り替え、印刷等はAdobe Acrobat Readerの操作方法に従ってください。
画面を閉じるには、右上の「×」ボタンをクリックしてください。

Ⅱ.収録データ

本CD-ROMには、下記離島についての「項目別統計表（PDF／Excel）」「島別統計表（Excel）」が収録されています。統計の掲載項目は10〜19ページの「掲載データ」をご覧ください。

1．掲載離島

令和4年4月1日現在、「離島振興法」（昭和28年法律第72号）、「小笠原諸島振興開発特別措置法」（昭和44年法律第79号）、「奄美群島振興開発特別措置法」（昭和29年法律第189号）、「沖縄振興特別措置法」（平成14年法律第14号）の各法に基づき指定されている離島のうち、住民の居住が同日付けの住民基本台帳で確認された下記の303島。

離島振興法指定離島	255島
小笠原諸島振興開発特別措置法指定離島	2島
奄美群島振興開発特別措置法指定離島	8島
沖縄振興特別措置法指定離島	38島
合計	303島

ただし、「①概要」のみ、令和4年4月1日現在の住民基本台帳には住民登録がないが令和2年10月1日現在の国勢調査で住民の居住が確認された下記の3島についてもあわせて掲載しています。

離島振興法指定離島	1島
小笠原諸島振興開発特別措置法指定離島	2島
合計	3島

なお、市町村名の表記は、令和4年4月1日現在のものです。

〈掲載離島一覧〉

都道府県名 指定地域名	島　名（name）	郡　名	市町村名	備考
北海道				
礼文島	礼文島（Rebun-to）	礼文郡	礼文町	
利尻島	利尻島（Rishiri-to）	利尻郡	（利尻町）	
	〃	〃	（利尻富士町）	
天売・焼尻	焼尻島（Yagishiri-to）	苫前郡	羽幌町	
	天売島（Teuri-to）	〃	〃	
奥尻島	奥尻島（Okushiri-to）	奥尻郡	奥尻町	
小島	小島（Ko-jima）	厚岸郡	厚岸町	①概要のみ掲載
宮城県				
牡鹿諸島	出島（Izu-shima）	牡鹿郡	女川町	
	江島（E-no-shima）	〃	〃	
	網地島（Aji-shima）	―	石巻市	
	田代島（Tashiro-jima）	―	〃	
浦戸諸島	寒風沢島（Sabusawa-jima）	―	塩竈市	
	野々島（Nono-shima）	―	〃	
	桂島（Katsura-jima）	―	〃	
	朴島（Ho-jima）	―	〃	
山形県				
飛島	飛島（Tobi-shima）	―	酒田市	

都道府県名 指定地域名	島　名（name）	郡　名	市町村名	備　考
東　京　都				
伊 豆 諸 島	大　　　島　（O-shima）	－	大 島 町	
	利　　　島　（To-shima）	－	利 島 村	
	新　　　島　（Nii-jima）	－	新 島 村	
	式 根 島　（Shikine-jima）	－	〃	
	神 津 島　（Kozu-shima）	－	神津島村	
	三 宅 島　（Miyake-jima）	－	三 宅 村	
	御 蔵 島　（Mikura-shima）	－	御蔵島村	
	八 丈 島　（Hachijo-jima）	－	八 丈 町	
	青 ヶ 島　（Ao-ga-shima）	－	青ケ島村	
小笠原諸島	父　　　島　（Chichi-jima）	－	小笠原村	
	母　　　島　（Haha-jima）	－	〃	
	硫 黄 島　（Io-to）	－	〃	①概要のみ掲載
	南 鳥 島　（Minamitori-shima）	－	〃	①概要のみ掲載
新　潟　県				
粟　　　島	粟　　　島　（Awa-shima）	岩 船 郡	粟島浦村	
佐　渡　島	佐 渡 島　（Sado-ga-shima）	－	佐 渡 市	
石　川　県				
舳　倉　島	舳 倉 島　（Hegura-jima）		輪 島 市	
静　岡　県				
初　　　島	初　　　島　（Hatsu-shima）	－	熱 海 市	
愛　知　県				
愛 知 三 島	佐 久 島　（Saku-shima）	－	西 尾 市	
	日間賀島　（Himaka-jima）	知 多 郡	南知多町	
	篠　　　島　（Shino-jima）	〃	〃	
三　重　県				
志 摩 諸 島	神　　　島　（Kami-shima）	－	鳥 羽 市	
	答 志 島　（Toshi-jima）	－	〃	
	菅　　　島　（Suga-shima）	－	〃	
	坂 手 島　（Sakate-jima）	－	〃	
	渡鹿野島　（Watakano-jima）	－	志 摩 市	
	間 崎 島　（Masaki-jima）	－	〃	
滋　賀　県				
沖　　　島	沖　　　島　（Oki-shima）	－	近江八幡市	
兵　庫　県				
沼　　　島	沼　　　島　（Nu-shima）	－	南あわじ市	
家 島 群 島	男 鹿 島　（Tanga-shima）	－	姫 路 市	
	家　　　島　（Ie-shima）	－	〃	
	坊 勢 島　（Boze-jima）	－	〃	
	西　　　島　（Nishi-jima）	－	〃	
島　根　県				
隠　岐　島	島　　　後　（Dogo）	隠 岐 郡	隠岐の島町	
	中 ノ 島　（Naka-no-shima）	〃	海 士 町	
	西 ノ 島　（Nishi-no-shima）	〃	西ノ島町	
	知夫里島　（Chiburi-jima）	〃	知 夫 村	
岡　山　県				
日 生 諸 島	大多府島　（Otabu-jima）	－	備 前 市	
	鴻　　　島　（Ko-jima）	－	〃	
前　　　島	前　　　島　（Mae-jima）	－	瀬戸内市	
犬　　　島	犬　　　島　（Inu-jima）	－	岡 山 市	
石　　　島	石　　　島　（I-shima）	－	玉 野 市	
児 島 諸 島	松　　　島　（Matsu-shima）	－	倉 敷 市	

都道府県名 指定地域名	島　名（name）	郡　名	市町村名	備　考
児島諸島	六口島 (Muguchi-jima)	—	倉敷市	
笠岡諸島	高島 (Taka-shima)	—	笠岡市	
	白石島 (Shiraishi-jima)	—	〃	
	北木島 (Kitagi-shima)	—	〃	
	真鍋島 (Manabe-shima)	—	〃	
	小飛島 (Kobi-shima)	—	〃	
	大飛島 (Obi-shima)	—	〃	
	六島 (Mu-shima)	—	〃	
広島県				
走島群島	走島 (Hashiri-jima)	—	福山市	
備後群島	百島 (Momo-shima)	—	尾道市	
芸備群島	細島 (Hoso-shima)	—	〃	
	佐木島 (Sagi-jima)	—	三原市	
	小佐木島 (Kosagi-jima)	—	〃	
上大崎群島	生野島 (Ikuno-shima)	豊田郡	大崎上島町	
	大崎上島 (Osaki-kami-shima)	〃	〃	
	長島 (Naga-shima)	〃	〃	
下大崎群島	三角島 (Mikado-jima)	—	呉市	
	斎島 (Itsuki-shima)	—	〃	
安芸群島	情島 (Nasake-jima)	—	〃	
	阿多田島 (Atata-jima)	—	大竹市	
似島	似島 (Nino-shima)	—	広島市	
山口県				
柱島群島	端島 (Ha-shima)	—	岩国市	
	柱島 (Hashira-jima)	—	〃	
	黒島 (Kuro-shima)	—	〃	
周防大島諸島	情島 (Nasake-jima)	大島郡	周防大島町	
	浮島 (Uka-shima)	〃	〃	
	前島 (Mae-jima)	〃	〃	
	笠佐島 (Kasasa-jima)	〃	〃	
平郡島	平郡島 (Heigun-to)	—	柳井市	
熊毛群島	馬島 (Uma-shima)	熊毛郡	田布施町	
	佐合島 (Sago-jima)	〃	平生町	
	祝島 (Iwai-shima)	〃	上関町	
	八島 (Ya-shima)	〃	〃	
周南諸島	牛島 (U-shima)	—	光市	
	大津島 (Ozu-shima)	—	周南市	
	野島 (No-shima)	—	防府市	
響灘諸島	蓋井島 (Futaoi-jima)	—	下関市	
	六連島 (Mutsure-jima)	—	〃	
萩諸島	見島 (Mi-shima)	—	萩市	
	大島 (O-shima)	—	〃	
	櫃島 (Hitsu-shima)	—	〃	
	相島 (Ai-shima)	—	〃	
徳島県				
伊島	伊島 (I-shima)	—	阿南市	
出羽島	出羽島 (Teba-jima)	海部郡	牟岐町	
香川県				
小豆島	小豆島 (Shodo-shima)	小豆郡	(小豆島町) (土庄町)	
	沖之島 (Oki-no-shima)	〃	土庄町	
	小豊島 (Ode-shima)	〃	〃	
	豊島 (Te-shima)	〃	〃	
直島諸島	直島 (Nao-shima)	香川郡	直島町	
	屏風島 (Byobu-jima)	〃	〃	
	向島 (Mukae-jima)	〃	〃	
	男木島 (Ogi-jima)	—	高松市	

5

都道府県名 指定地域名	島　名（name）	郡　名	市町村名	備　考
直島諸島	女木島　（Megi-jima）	—	高松市	
大島	大島　（O-shima）	—	〃	
塩飽諸島	櫃石島　（Hitsuishi-jima）	—	坂出市	
	岩黒島　（Iwakuro-jima）	—	〃	
	与島　（Yo-shima）	—	〃	
	小与島　（Koyo-shima）	—	〃	
	本島　（Hon-jima）	—	丸亀市	
	牛島　（Ushi-jima）	—	〃	
	広島　（Hiro-shima）	—	〃	
	手島　（Te-shima）	—	〃	
	小手島　（Ote-shima）	—	〃	
	佐柳島　（Sanagi-jima）	仲多度郡	多度津町	
	高見島　（Takami-jima）	〃	〃	
	粟島　（Awa-shima）	—	三豊市	
	志々島　（Shishi-jima）	—	〃	
伊吹島	伊吹島　（Ibuki-jima）	—	観音寺市	
愛媛県				
魚島群島	高井神島　（Takaikami-shima）	越智郡	上島町	
	魚島　（Uo-shima）	〃	〃	
上島諸島	弓削島　（Yuge-jima）	〃	〃	
	佐島　（Sa-shima）	〃	〃	
	生名島　（Ikina-jima）	〃	〃	
	岩城島　（Iwagi-jima）	〃	〃	
	赤穂根島　（Akahone-jima）	〃	〃	
越智諸島	鵜島　（U-shima）	—	今治市	
	津島　（Tsu-shima）	—	〃	
関前諸島	大下島　（Oge-shima）	—	〃	
	小大下島　（Koge-shima）	—	〃	
来島群島	小島　（O-shima）	—	〃	
	来島　（Kuru-shima）	—	〃	
	馬島　（Uma-shima）	—	〃	
	比岐島　（Hiki-jima）	—	〃	
新居大島	大島　（O-shima）	—	新居浜市	
忽那諸島	安居島　（Ai-jima）	—	松山市	
	興居島　（Gogo-shima）	—	〃	
	野忽那島　（Nogutsuna-jima）	—	〃	
	睦月島　（Muzuki-jima）	—	〃	
	中島　（Naka-jima）	—	〃	
	怒和島　（Nuwa-jima）	—	〃	
	津和地島　（Tsuwaji-shima）	—	〃	
	二神島　（Futagami-jima）	—	〃	
	釣島　（Tsuru-shima）	—	〃	
青島	青島　（Ao-shima）	—	大洲市	
宇和海諸島	大島　（O-shima）	—	八幡浜市	
	嘉島　（Ka-shima）	—	宇和島市	
	戸島　（To-jima）	—	〃	
	日振島　（Hiburi-jima）	—	〃	
	竹ヶ島　（Take-ga-shima）	—	〃	
高知県				
沖の島	沖の島　（Oki-no-shima）	—	宿毛市	
	鵜来島　（Uguru-shima）	—	〃	
福岡県				
筑前諸島	馬島　（Uma-shima）	—	北九州市	
	藍島　（Ai-no-shima）	—	〃	
	地島　（Ji-no-shima）	—	宗像市	
	大島　（O-shima）	—	〃	
	相島　（Ai-no-shima）	糟屋郡	新宮町	
	玄界島　（Genkai-jima）	—	福岡市	

都道府県名 指定地域名	島　名 (name)	郡　名	市町村名	備　考
筑前諸島	小呂島 (Oro-no-shima)	—	福岡市	
	姫島 (Hime-shima)	—	糸島市	
佐賀県				
玄海諸島	高島 (Taka-shima)	—	唐津市	
	神集島 (Kashiwa-jima)	—	〃	
	小川島 (Ogawa-shima)	—	〃	
	加唐島 (Kakara-shima)	—	〃	
	松島 (Matsu-shima)	—	〃	
	馬渡島 (Madara-shima)	—	〃	
	向島 (Muku-shima)	—	〃	
長崎県				
対馬島	対馬島 (Tsushima-jima)	—	対馬市	
	海栗島 (Uni-jima)	—	〃	
	泊島 (Tomari-shima)	—	〃	
	赤島 (Aka-shima)	—	〃	
	沖ノ島 (Oki-no-shima)	—	〃	
	島山島 (Shimayama-jima)	—	〃	
壱岐島	壱岐島 (Iki-no-shima)	—	壱岐市	
	若宮島 (Wakamiya-jima)	—	〃	
	原島 (Haru-shima)	—	〃	
	長島 (Naga-shima)	—	〃	
	大島 (O-shima)	—	〃	
平戸諸島	黒島 (Kuro-shima)	—	松浦市	
	青島 (Ao-shima)	—	〃	
	飛島 (Tobi-shima)	—	〃	
	大島 (O-shima)	—	平戸市	
	度島 (Taku-shima)	—	〃	
	高島 (Taka-shima)	—	〃	
	宇久島 (Uku-shima)	—	佐世保市	
	寺島 (Tera-shima)	—	〃	
	六島 (Mu-shima)	北松浦郡	小値賀町	
	野崎島 (Nozaki-jima)	〃	〃	
	納島 (No-shima)	〃	〃	
	小値賀島 (Ojika-jima)	〃	〃	
	黒島 (Kuro-shima)	〃	〃	
	大島 (O-shima)	〃	〃	
	斑島 (Madara-shima)	〃	〃	
	高島 (Taka-shima)	—	佐世保市	
	黒島 (Kuro-shima)	—	〃	
五島列島	中通島 (Nakadori-jima)	南松浦郡	新上五島町	
	頭ケ島 (Kashira-ga-shima)	〃	〃	
	桐ノ小島 (Kiri-no-ko-jima)	〃	〃	
	若松島 (Wakamatsu-jima)	〃	〃	
	日ノ島 (Hi-no-shima)	〃	〃	
	有福島 (Arifuku-jima)	〃	〃	
	漁生浦島 (Ryozegaura-shima)	〃	〃	
	奈留島 (Naru-shima)	—	五島市	
	前島 (Mae-shima)	—	〃	
	久賀島 (Hisaka-jima)	—	〃	
	蕨小島 (Warabi-ko-jima)	—	〃	
	椛島 (Kaba-shima)	—	〃	
	福江島 (Fukue-jima)	—	〃	
	赤島 (Aka-shima)	—	〃	
	黄島 (O-shima)	—	〃	
	黒島 (Kuro-shima)	—	〃	
	島山島 (Shimayama-jima)	—	〃	
	嵯峨島 (Saga-no-shima)	—	〃	
蠣ノ浦大島	江島 (E-no-shima)	—	西海市	
	平島 (Hira-shima)	—	〃	

都道府県名 指定地域名	島　名 (name)	郡　名	市町村名	備　考
松　　島	松　　島 (Matsu-shima)	—	西　海　市	
	池　　島 (Ike-shima)	—	長　崎　市	
高　　島	高　　島 (Taka-shima)	—	〃	
熊　本　県				
天草諸島	湯　　島 (Yu-shima)	—	上 天 草 市	
	中　　島 (Naka-jima)	—	〃	
	横　浦　島 (Yokoura-jima)	—	天　草　市	
	牧　　島 (Maki-shima)	—	〃	
	御 所 浦 島 (Goshoura-jima)	—	〃	
	横　　島 (Yoko-shima)	—	〃	
大　分　県				
姫　　島	姫　　島 (Hime-shima)	東 国 東 郡	姫　島　村	
豊後諸島	地 無 垢 島 (Jimuku-shima)	—	津 久 見 市	
	保　戸　島 (Hoto-jima)	—	〃	
	大　入　島 (Onyu-jima)	—	佐　伯　市	
	大　　島 (O-shima)	—	〃	
	屋　形　島 (Yakata-jima)	—	〃	
	深　　島 (Fuka-shima)	—	〃	
宮　崎　県				
島野浦島	島 野 浦 島 (Shimanoura-shima)	—	延　岡　市	
南那珂群島	大　　島 (O-shima)	—	日　南　市	
	築　　島 (Tsuki-shima)	—	串　間　市	
鹿 児 島 県				
長　　島	獅　子　島 (Shishi-jima)	出　水　郡	長　島　町	
桂　　島	桂　　島 (Katsura-jima)	—	出　水　市	
甑　　島	上　甑　島 (Kamikoshiki-shima)	—	薩摩川内市	
	中　甑　島 (Nakakoshiki-shima)	—	〃	
	下　甑　島 (Shimokoshiki-shima)	—	〃	
新　　島	新　　島 (Shin-jima)	—	鹿 児 島 市	
種　子　島	種　子　島 (Tane-ga-shima)	—	(西之表市)	
	〃	熊　毛　郡	(中種子町)	
	〃	〃	(南種子町)	
	馬　毛　島 (Mage-shima)	—	西之表市	
屋　久　島	屋　久　島 (Yaku-shima)	熊　毛　郡	屋 久 島 町	
	口 永 良 部 島 (Kuchinoerabu-jima)	〃	〃	
南西諸島	竹　　島 (Take-shima)	鹿 児 島 郡	三　島　村	
	硫　黄　島 (Io-jima)	〃	〃	
	黒　　島 (Kuro-shima)	〃	〃	
	口　之　島 (Kuchi-no-shima)	〃	十　島　村	
	中　之　島 (Naka-no-shima)	〃	〃	
	諏 訪 之 瀬 島 (Suwanose-jima)	〃	〃	
	平　　島 (Taira-jima)	〃	〃	
	悪　石　島 (Akuseki-jima)	〃	〃	
	小　宝　島 (Kodakara-jima)	〃	〃	
	宝　　島 (Takara-jima)	〃	〃	
奄美群島	奄 美 大 島 (Amami-O-shima)	—	(奄美市)	
	〃	大　島　郡	(大和村)	
	〃	〃	(宇検村)	
	〃	〃	(瀬戸内町)	
	〃	〃	(龍郷町)	
	加 計 呂 麻 島 (Kakeroma-jima)	〃	瀬 戸 内 町	
	与　路　島 (Yoro-shima)	〃	〃	
	請　　島 (Uke-shima)	〃	〃	
	喜　界　島 (Kikai-jima)	〃	喜　界　町	
	徳　之　島 (Toku-no-shima)	〃	(徳之島町)	
	〃	〃	(天城町)	
	〃	〃	(伊仙町)	

都道府県名 指定地域名	島　名 (name)	郡　名	市町村名	備　考
奄美群島	沖永良部島 (Okinoerabu-jima)	大島郡	(和泊町)	
	〃	〃	(知名町)	
	与論島 (Yoron-jima)	〃	与論町	
沖縄県				
北部圏域	伊平屋島 (Iheya-jima)	島尻郡	伊平屋村	
	野甫島 (Noho-jima)	〃	〃	
	伊是名島 (Izena-jima)	〃	伊是名村	
	伊江島 (Ie-jima)	国頭郡	伊江村	
	水納島 (Minna-shima)	〃	本部町	
中南部圏域	津堅島 (Tsuken-jima)	―	うるま市	
	久高島 (Kudaka-jima)	―	南城市	
	粟国島 (Aguni-jima)	島尻郡	粟国村	
	渡名喜島 (Tonaki-jima)	〃	渡名喜村	
	座間味島 (Zamami-jima)	〃	座間味村	
	阿嘉島 (Aka-shima)	〃	〃	
	慶留間島 (Geruma-jima)	〃	〃	
	渡嘉敷島 (Tokashiki-jima)	〃	渡嘉敷村	
	久米島 (Kume-jima)	〃	久米島町	
	奥武島 (O-shima)	〃	〃	
	オーハ島 (Oha-jima)	〃	〃	
	北大東島 (Kitadaito-jima)	〃	北大東村	
	南大東島 (Minamidaito-jima)	〃	南大東村	
宮古圏域	宮古島 (Miyako-jima)	―	宮古島市	
	池間島 (Ikema-jima)	―	〃	
	大神島 (Ogami-jima)	―	〃	
	来間島 (Kurima-jima)	―	〃	
	伊良部島 (Irabu-jima)	―	〃	
	下地島 (Shimoji-shima)	―	〃	
	多良間島 (Tarama-jima)	宮古郡	多良間村	
	水納島 (Minna-shima)	〃	〃	
八重山圏域	石垣島 (Ishigaki-jima)	―	石垣市	
	竹富島 (Taketomi-jima)	八重山郡	竹富町	
	西表島 (Iriomote-jima)	〃	〃	
	鳩間島 (Hatoma-jima)	〃	〃	
	由布島 (Yubu-shima)	〃	〃	
	小浜島 (Kohama-jima)	〃	〃	
	黒島 (Kuro-shima)	〃	〃	
	新城島上地 (Aragusuku-jima-kamiji)	〃	〃	
	新城島下地 (Aragusuku-jima-shimoji)	〃	〃	
	波照間島 (Hateruma-jima)	〃	〃	
	嘉弥真島 (Kayama-jima)	〃	〃	
	与那国島 (Yonaguni-jima)	〃	与那国町	

2．掲載データ

　本州・四国・九州の各沿岸の離島については、関係各都県作成の「令和5年度離島業務参考資料」により、また、前記各都県業務参考資料に準じて、北海道の離島については北海道総合政策部並びに北海道各町、小笠原諸島については東京都総務局並びに東京都小笠原村、奄美群島については鹿児島県企画部並びに奄美各市町村、沖縄離島については沖縄県企画部並びに沖縄県各市町村がそれぞれ作成した資料から掲載しました。

　各項目とも、原則として都道県別・指定地域別・島別（1島に複数の市町村が存在する場合は市町村別）の数値を掲載しています。

　市町村名の表記は、令和4年4月1日現在のものです。

〈掲　載　項　目　一　覧〉

まえがき……………………………………………… フォルダー「3　項目別統計表（PDF）」
目　　次……………………………………………… フォルダー「3　項目別統計表（PDF）」
利用者のために……………………………………… フォルダー「3　項目別統計表（PDF）」
図表でみる島の動き………………………………… フォルダー「3　項目別統計表（PDF）」

①．概　　要　　　　　　　　フォルダー「1　項目別統計表（Excel）」「2　島別統計表（Excel）」「3　項目別統計表（PDF）」

1．本統計は、離島振興法等に基づく指定離島のうち、令和4年4月1日現在の住民基本台帳で住民登録がなされている303島に加え、住民登録はなされていないが令和2年10月1日現在の国勢調査で住民の居住が確認された下記の3島についても掲載した。

　　　　　離　島　振　興　法　指　定　離　島　　　　　1島（北海道小島）
　　　　　小笠原諸島振興開発特別措置法指定離島　　　　2島（東京都硫黄島・南鳥島）
　　　　　　　　　合　　　　　計　　　　　　　　　　　3島

　したがって、本統計のみ、本書の他の統計と掲載離島数が異なるので注意されたい。

2．指定回次は、前頁の表に掲げる政府告示による指定回次である。第1次指定解除（昭和43年3月31日）以降の各解除離島については、掲載を割愛した。
3．人口並びに世帯数は、令和2年国勢調査に基づく、確定数である。
4．面積は、国土交通省国土地理院の全国都道府県市区町村別面積調（令和2年10月1日）等に基づく数値である。
5．海岸延長は、国土交通省水管理・国土保全局の海岸統計調査（令和2年3月31日）等に基づく数値である。
6．島名の読み方については、原則として、国土地理院「地理院地図」、国土地理院・海上保安庁海洋情報部「地名集日本」などにしたがった。一部は地元で慣用的に使用されている読み方を採用した島もある。島名の英文表記は、ヘボン式によった。

都道県名 指定地域名	島　名（name）	指定回次	郡　名	市町村名	令和2年国調（確定人口）	世帯数	面　積（km²）	海岸延長（km）	備　考
北海道 礼文島	礼文島（Rebun-to）	3	礼文郡	礼文町	2,509	1,246	81.25	66.6	

②．人口・世帯数・人口動態　　　フォルダー「1　項目別統計表（Excel）」「2　島別統計表（Excel）」「3　項目別統計表（PDF）」

1．各年次の人口・世帯数は、住民基本台帳に基づく、住民登録人口・世帯数である。
2．人口動態は、令和3年4月1日から令和4年3月31日までの1年間の移動である。

都道県名 指定地域名	島名	市町村名	令和3年4月1日現在 住民登録人口			世帯数	令和3年4月1日～令和4年3月31日人口移動							令和4年4月1日現在 住民登録人口			世帯数
			男	女	計		出生数	死亡数	自然増△減	転入数	転出数	社会増△減	増△減計	男	女	計	
北海道	礼文島	礼文町	1,209	1,170	2,379	1,247	11	33	△22	121	157	△36	△58	1,175	1,146	2,321	1,210

③．年齢別男女別人口　　　フォルダー「1　項目別統計表（Excel）」「2　島別統計表（Excel）」「3　項目別統計表（PDF）」

1．本統計は、令和2年国勢調査に基づく、人口である。
2．年齢別項目は、5歳階級とし、0歳から100歳以上までを掲載した。
3．生産年齢人口指数並びに老齢化率は、下記の方法で算出した。

$$生産年齢人口指数 = \frac{生産年齢人口}{人口総数} \times 100 \qquad 老齢化率 = \frac{老年人口}{人口総数} \times 100$$

都道県名 指定地域名	島名	市町村名	区分	2年国勢調査 人口総数 A (B+C+D+E)	年少人口（人）				生産年齢					
					0～4歳	5～9歳	10～14歳	小計 B	15～19歳	20～24歳	25～29歳	30～34歳	35～39歳	40～44歳
北海道	礼文島	礼文町	男	1,284	38	44	51	133	40	26	61	68	75	87

人口（人）					老年人口（人）								不詳（人）E	生産年齢人口指数（%）C／A	老齢化率（%）D／A
45～49歳	50～54歳	55～59歳	60～64歳	小計 C	65～69歳	70～74歳	75～79歳	80～84歳	85～89歳	90～94歳	95～99歳	100歳以上	小計 D		
北海道															
106	80	80	104	727	130	100	56	71	44	22	1	－	424	－	56.6	33.0

④．産業分類別就業者数　　　フォルダー「1　項目別統計表（Excel）」「2　島別統計表（Excel）」「3　項目別統計表（PDF）」

1．本統計は、令和2年国勢調査に基づく、就業人口である。
2．産業分類は、日本標準産業分類の大分類である。

都道県名 指定地域名	島名	市町村名	就業者総数 A (B+C+D+E)	第1次産業（人）			第2次産業（人）				電気ガス熱供給水道業	情報通信業	運輸業郵便業
				農業林業	漁業	小計 B	鉱業採石業砂利採取業	建設業	製造業	小計 C			
北海道 礼文島	礼文島	礼文町	1,644	2	601	603	-	128	84	212	7	-	56

第3次産業（人）												分類不能（人） E
卸売業小売業	金融業保険業	不動産業物品賃貸業	学術研究専門・技術サービス業	宿泊業飲食サービス業	生活関連サービス業娯楽業	教育学習支援業	医療福祉	複合サービス事業	サービス業	公務	小計 D	
105	9	4	10	163	32	107	108	56	34	138	829	-

（北海道）

⑤．保育所・学校現況　　　フォルダー「1　項目別統計表（Excel）」「2　島別統計表（Excel）」「3　項目別統計表（PDF）」

1．保育所現況は、社会福祉施設等調査（令和3年10月1日現在）に基づき、公立、私立の区分にかかわらず都道府県知事の許可を受けた「保育所」ならびに市町村の認可により開設できる「へき地保育所」で、かつ通年開設されているものについて掲載した。
2．学校現況は、関係都道県の調査（令和4年5月1日現在）に基づき、学校教育法第1条に規定する幼稚園、小学校、中学校、義務教育学校、高等学校、中等教育学校について、国立、公立、私立のすべてを掲載した。
　(1)「学校数」欄には、本校を上段に記し、分校を（　）書き外数で下段に掲載した。
　(2)「教職員数」欄には、次の教員数を上段に、職員数を下段に（　）書き外数で掲載した。
　　　教員数……校長、教頭、教諭、助教諭、養護教諭、養護助教諭、講師の以上のうち本務者（兼務者を除く）のみとし、休職者等を含む合計。
　　　職員数……事務職員、学校栄養職員、市町村費支弁の教員、学校図書館事務員、養護職員（看護師等）、学校給食調理従事員、実習助手、技術職員、用務員、警備員等以上のうち本務者（兼務者を除く）のみとし、休職者等を含む合計。
　(3)「生徒数」欄には、離島に所在する学校に在学する生徒を上段に、本土（法律指定外の島を含む）の学校へ通学（寄宿者を含む）する生徒を下段に（　）書き外数で掲載した。
　(4)小学校と中学校が併設されている場合、または高等学校で全日制と定時制の両課程を併置している場合は、それぞれ別々に集計し、掲載した。
　(5)幼保連携型認定こども園は、幼稚園に含む。

都道県名 指定地域名	島名	市町村名	保育所 (令和3年10月1日現在)			幼稚園 (令和4年5月1日現在)		小学校 (令和4年5月1日現在)				中学校 (令和4年5月1日現在)				高等学校 (令和4年5月1日現在)			
			保育所数	乳児数	幼児数	園数	園児数	学校数	教(職)員数	学級数	児童数	学校数	教(職)員数	学級数	生徒数	学校数	教(職)員数	学級数	生徒数
北海道 礼文島	礼文島	礼文町	2	61		-	-	3	23 (9)	13	90	2	23 (6)	7	58	1	14 (4)	3	58

⑥．農林業現況

フォルダー「1　項目別統計表（Excel）」「2　島別統計表（Excel）」「3　項目別統計表（PDF）」

1. 本統計は、令和4年3月末現在の状況を下記の出典資料に基づき集計したものである。
2. 総面積は、本書の「1．概要」の面積である。
3. 農振面積は、「農業振興地域の整備に関する法律」により指定された農業振興地域の面積である。
4. 耕地面積は、作物統計調査に基づき集計し、耕地化率は、下記の方法で算出した。

$$耕地化率 = \frac{耕地面積総数}{総面積} \times 100$$

5. 家畜飼育数は、畜産統計調査に基づくものである。
6. 農道延長は、農道台帳に基づくものである。
7. 林道延長は、自動車通行可能なもので林道規程の「林道の種類」のうち軽車道、牛馬道、木馬道を除いたものである。
8. 森林面積は、農林業センサス（農山村地域調査）に基づくものであり、民有林は、国有林以外の森林面積である。人工林は、（　）書き内数で下段に表示した。
9. 各都道県の統計算出基準等により公表できない数値がある場合、秘匿事項としてxで表示し、その金額を島計、地域計、都道県合計には含めず、全国合計のみに含めた。

都道県名 指定地域名	島名	市町村名	総面積 A (ha)	農振面積 (ha)	耕地面積 (ha)					耕地化率 (%) B/A	家畜飼育数				農道延長 (km)	林道延長 (km)		森林面積 (ha) (うち人工林)			森林蓄積量 (㎥)
					総数 B	田	畑	樹園地	牧草地		乳用牛 (頭)	肉用牛 (頭)	豚 (頭)	鶏 (羽)			内国有林道 (km)	総数	国有林	民有林	
北海道 礼文島	礼文島	礼文町	8,125	126	4	－	4	－	－	－	－	－	－	－	－	－	－	6,507 (628)	6,446 (601)	61 (279)	462,607

⑦．水産業現況

フォルダー「1　項目別統計表（Excel）」「3　項目別統計表（PDF）」

1. 本統計は、法律指定有人島に存する全漁港および漁船が利用、または水産物の水揚が行われているその他の港湾等について掲載した。
2. 漁港については、水産庁の港勢調査に基づき、同調査対象漁港以外の港湾については、同調査に準じて集計したものを掲載した。
3. 港種は、管理者に応じて下記のとおり略記した。

    ① 漁　港　　　　　　　　　　　② 港　湾
    第1種漁港……「県1」「市1」　　　国際拠点港湾……「国際」
    第2種漁港……「都2」「町2」　　　重要港湾……「県重」「市重」
    第3種漁港……「道3」「市3」　　　地方港湾……「都地」「町地」
    第4種漁港……「県4」「村4」　　　56条港湾……「56」

4. 「漁船勢力」および「漁船以外の利用船舶」欄は、地元船にあっては令和3年12月末現在の港ごとの登録船の勢力、利用船にあっては令和3年1月から12月末現在の利用実隻数を前者は上段、後者は下段の2段書で掲載した。ただし、利用船には、地元船を含まないこととした。
5. 「合計」欄は、無動力船、動力漁船、漁船以外の利用船舶の合計である。
6. 「水揚高」欄は、令和3年1月から12月までの水揚トン数を上段に、水揚金額を下段に掲載した。ただし、水揚金額については、各港の登録漁船が2隻以下の場合、秘匿事項としてxで表示し、その金額を島計、地域計、都道県合計には含めず、全国合計のみに含めた。各項目の分類については、下記のとおりとした。

    属人水揚……当該漁港地区に居住する漁業者の総漁獲量
    属地水揚……当該漁港に陸揚された総漁獲量（運搬船搬入量を除く）
    養殖業……第1種区画漁業権または第2種区画漁業権に基づいて養殖を行う事業

7. 冷凍冷蔵施設および加工施設は、令和4年4月1日現在のものである。

都道府県名 指定地域名	島名	漁港または港湾名	港種	合計 (上段：地元船 令和3年12月末現在、下段：利用船 令和3年1～12月計)		漁船勢力								漁船以外の利用船舶	水揚高 (令和3年1月～12月)						施設 (令和4年4月1日現在)		
						無動力船	動力漁船計		地元漁船及び利用漁船（外来船を含む）						属人水揚			属地水揚			冷凍冷蔵施設		加工施設
				隻数	トン数		隻数	トン数	5t未満	5～10t	10～20t	20～100t	100t以上		計	海面漁業	海面養殖業	計	海面漁業	海面養殖業	カ所数	能力	カ所
				地元船利用船	トン	隻	隻	トン	隻	隻	隻	隻	隻	隻	トン 百万円	トン 百万円	トン 百万円	トン 百万円	トン 百万円	トン 百万円	カ所	トン	カ所
北海道 礼文島	礼文島	知床	道1	34 —	29 —	— —	34 —	29 —	33 —	1 —	— —	— —	— —	— —	138 126	121 121	17 5	112 101	95 96	17 5	— —	— —	— —

⑧．農林水産業生産額　　　フォルダー「1　項目別統計表（Excel）」「2　島別統計表（Excel）」「3　項目別統計表（PDF）」

1．農業生産額は、生産農業所得統計、作物統計、農林業センサス結果等を活用した市町村別農業産出額の推計結果等に基づくものである。
2．林業生産額は、林業生産統計等に基づくものである。
3．水産業生産額は、漁業・養殖業生産統計年報に基づくものである。
4．各生産額は、令和3年1月から12月までの生産額である。
5．各都道府県の統計算出基準等により公表できない数値がある場合、秘匿事項としてxで表示し、その金額を島計、地域計、都道府県合計には含めず、全国合計のみに含めた。

都道府県名 指定地域名	島名	市町村名	農業											養蚕	畜			
			耕種															
			米	麦	いも	豆・雑穀	野菜	果実	花卉	工芸作物	その他	小計			牛肉	豚肉	牛乳
北海道 礼文島	礼文島	礼文町	—	—	—	—	—	—	—	—	—	—		—	—	—	—

	産			計 A	林業					計 B	水産業					計 C	農林水産業 合計 A+B+C
					木材		木炭	しいたけ	その他		魚類	貝類	水産動物	海草類	その他		
	鶏卵	その他	小計		用材	薪炭材											
北海道	—	—	—	—	—	—	—	—	—	—	1,033.6	37.8	1,439.4	358.0	—	2,868.8	2,868.8

⑨. 観光客数・宿泊能力・自然公園　　フォルダー「1　項目別統計表（Excel）」「2　島別統計表（Excel）」「3　項目別統計表（PDF）」

1. 観光客数は、原則として船舶、航空機の利用から集計し掲載した。ただし、1島複数市町村の離島並びに群島型離島等は、次のように集計した場合がある。
   (1) 1島複数市町村の離島については、各市町村別の観光客数は、役場の観光課および市町村観光協会調べによる数値とし、島全体の観光客数は船舶、航空機の利用から集計した数値とした。したがって、各市町村数値の合計と島全体の数値は一致しない場合がある。
   (2) 群島型離島については、各島の観光客数は船舶、航空機の利用から集計した数値とし、群島全体の観光客数は、対本土交通等の主要交通のある島（市町村）の数値をもとに集計した。したがって各島々の合計と群島全体の数値とは一致しない場合がある。
2. 宿泊能力は、最盛期の能力とした。
3. 年間宿泊者数（令和3年3月から4年2月計）は、島（市町村）に泊まった人の延宿泊者人数である。
4. 国立公園、国定公園、都道県立自然公園は、自然公園法に基づき指定された地域の面積である。なお、国立公園面積に普通地域（海域）は含まない。

都道県名 指定地域名	島名	市町村名	令和3年度観光客数					宿泊能力（令和3年度　最盛期）				年間宿泊者数（令和3年3月〜4年2月計）	自然公園面積（令和4年4月1日現在）		
			春 3.3〜3.5	夏 3.6〜3.8	秋 3.9〜3.11	冬 3.12〜4.2	計	旅館・ホテル		民宿			国立公園	国定公園	県立公園
								数	収容能力	数	収容能力				
			千人	千人	千人	千人	千人		人		人	千人	km²	km²	km²
北海道 礼文島	礼文島	礼文町	3.3	20.3	8.2	1.8	33.6	7	663	16	356	16.9	42.31	−	−

⑩. 道路現況　　フォルダー「1　項目別統計表（Excel）」「3　項目別統計表（PDF）」

1. 本統計は、令和4年4月1日現在の状況である。
2. 道路現況は、島ごとに一般国道、主要地方道、一般都道県道、一般市町村道について掲載し、「道路種類」欄には、それぞれ「国」「主」「県（都・道）」「市（町・村）」と略記した。

都道県名 指定地域	島名	市町村名	道路種類	総延長 (km)	重用延長 (km)	未供用延長 (km)	実延長 (km)	実延長の内訳						歩道設置道路実延長 (km)	道路面積		
								規格改良済延長 (km)	内車道幅員5.5m以上 (km)	未改良延長 (km)	内自動車交通不能 (km)	舗装済延長 (km)	内本舗装 (km)	未舗装延長 (km)		車道面積 (ha)	道路部面積 (ha)	道路敷面積 (ha)
北海道 礼文島	礼文島	礼文町	主	22.5	−	−	22.5	20.6	15.6	1.9	−	21.7	12.7	0.8	12.8	11.7	19.9	58.3

⑪．車輛保有台数

フォルダー「1　項目別統計表（Excel）」「2　島別統計表（Excel）」「3　項目別統計表（PDF）」

1．登録車輛は、道路運送車両法により地方運輸局陸運支局または自動車検査登録事務所に登録された令和4年4月1日現在の車輛数である。
2．登録車輛の分類は、道路運送車両法施行規則並びに自動車登録規則に基づき分類した。
3．特種用途車は、消防車、冷蔵冷凍車、クレーン車など主たる使用目的が特種であり、その目的遂行に必要な構造・装置を備える自動車である。
4．軽自動車は、総排気量660cc以下の車（二輪車は含まない）である。
5．二輪車は、総排気量126cc以上の二輪車（125cc以下の原動機付自転車は含まない）である。
6．原動機付自転車は、第1種（50cc以下）と第2種（125cc以下）の合計である。
7．小型特殊自動車は、農耕作業用自動車またはその大きさが一定基準以下の構造の特殊自動車である。

都道府県名 指定地域名	島名	市町村名	保有車両合計	登録車両 小計	トラック 計	普通車	小型車	トレーラ	バス	乗用車 計	普通車	小型車	特種用途車	大型特殊車	軽自動車	二輪車	原動機付自転車	小型特殊車
北海道 礼文島	礼文島	礼文町	2,156	918	170	74	91	5	24	625	328	297	78	21	983	12	127	116

⑫．港湾・航路現況

フォルダー「1　項目別統計表（Excel）」「3　項目別統計表（PDF）」

1．本統計は、法律指定有人島に存する全港湾および定期船の利用している漁港等についての現況である。
2．港種は、管理者に応じて次のとおり略記した。

① 港　湾
国際拠点港湾……「国際」
重要港湾……「県重」「市重」
地方港湾……「都地」「町地」
56条港湾……「56」

② 漁　港
第1種漁港……「県1」「市1」
第2種漁港……「都2」「町2」
第3種漁港……「道3」「市3」
第4種漁港……「県4」「村4」

3．「定期航路と定期船」欄は、令和4年4月1日現在のすべての航路、すべての船舶の現況である。
(1)「補助航路」欄は、離島航路整備法に基づき、令和4年度補助金交付実績（国庫）があったものに○印を記した。
(2)「就航船舶名」欄では、船舶名の前にフェリーを⑦、高速船を㊧、ジェット・フォイルを⑪、貨物船を㊮等と略記した。
(3)「就航回数」欄は、1日当たりの就航回数を表記し、1往復をもって1回とした、年間の最小回数と最大回数である。分数の場合、分母は日数、分子は就航回数である。
(4)「就航率」欄は、次の算出方法によった。

$$就航率 = \frac{年間実就航回数}{年間計画就航回数} \times 100$$

4．「港湾利用状況」欄は、港湾調査に基づく令和3年1月から12月の合計である。港湾調査規則で調査港湾に指定されていない港湾および漁港の利用状況は、調査港湾に準じ集計したものである。

都道府県名 指定地域名	島名	港湾または漁港名	港種	区間	補助航路	航路事業者名	就航船舶名	同左屯数	就航回数	就航率（%）	入港船舶 隻数（隻）	入港船舶 総屯数（t）	乗降人員（千人）	海上出入貨物（千t） 出	海上出入貨物（千t） 入	海上出入貨物（千t） 計
北海道 礼文島	礼文島	香深	町地	稚内～香深～稚内～鴛泊～香深～稚内	―	ハートランドフェリー	⑦サイプリア宗谷	3,555	0-1	84.2	6,804	4,049,394	83.0	275.1	323.4	598.5

⑬．空港・航空路現況　　　　　　　　　　　フォルダー「1　項目別統計表（Excel）」「3　項目別統計表（PDF）」

1．本統計は、法律指定有人島に存し、飛行機が離着陸できる施設の令和4年4月1日現在の現況である。
2．「現有施設」欄は、滑走路、夜間照明、誘導設備等の現有するすべての施設である。
3．「運航回数」「利用率」「就航率」「年間乗降人員」欄は、令和元年度実績である。
  (1) 1日当たりの運航回数は、平常時であり、（　）書は、最盛期のものである。
  (2) 利用率と就航率は、定期空路の場合のみ掲載し、次の算出方法によった。

$$利用率＝\frac{年間座席利用人員}{年間実就航座席数}×100 \qquad 就航率＝\frac{年間実就航回数}{年間計画就航回数}×100$$

都道府県名 空港名	所在地	管理主体	敷地面積(ha)	設備・事業者・機種・路線（令和4年4月1日現在）							運航実績（令和3年度）				備考
				現有設備	空事業者名	路線定期又は不定期別	使用機種および搭乗可能人員	路線名 起点～終点	区間距離(km)	所要時間(分)	一日当たり運航回数(回)	利用率(%)	就航率(%)	年間乗降人員(人)	
北海道 礼文空港	礼文町大字船	北海道	11.1	滑走路(800m×25m)											第3種

⑭．医療施設・医療従事者等現況　　フォルダー「1　項目別統計表（Excel）」「2　島別統計表（Excel）」「3　項目別統計表（PDF）」

1．本統計は、医療施設調査等に基づく、令和4年4月1日現在の現況である。
2．人口は、令和4年4月1日現在の住民登録人口である。
3．医療施設は、医療法に定める病院、診療所であり、現在開設中のものである。
  (1)病院は、病床数20床以上を有する施設である。
  (2)診療所は、病床を有さないもの、または19床以下の病床数を有する（有床診療所）施設である。
    ①　一般診療所は、主として医業をなす施設である。
    ②　歯科診療所は、主として歯科医業をなす施設である。
    ③　一般診療所の歯科診療科目は、「歯科診療所」欄の下段に（　）で示し外書とした。
4．医療従事者は、原則として病院、診療所に勤務するものである。
  (1)常勤者は、当該施設に所定の全診療時間勤務している者。
  (2)非常勤者は、常勤者以外の一定の時間のみ勤務している者。
  (3)医療施設以外の場所に勤務する保健師、助産師、看護師等がいる場合は、各関係欄の下段に（　）で示し外書とした。
5．搬送施設等の保有状況は、現在運行している巡回診療船等の台数である。

都道府県名 指定地域名	島名	市町村名	住民登録人口(4.4.1)	医療施設（カ所）					開設者別						病床数(床)	医療従事者（人）							搬送設備等(台, 隻)		
				総数	病院	一般診療所	有床診療所	歯科診療所	国	都道府県	市町村	個人	その他		医師		歯科医師		保健師	助産師	看護師	歯科衛生士	巡回診療車	巡回診療船	患者輸送車	患者輸送船
															常勤	非常勤	常勤	非常勤								
北海道 礼文島	礼文島	礼文町	2,321	3	-	1	1	2	-	1	2	-	-	19	2	-	-	(不明)	-	16	-	-	-	1	-

⑮．水道現況　　　　　　　　　　　　フォルダー「1　項目別統計表（Excel）」「2　島別統計表（Excel）」「3　項目別統計表（PDF）」

1．本統計は、令和4年4月1日現在の住民登録人口に基づく、水道利用の現況である。
2．「その他飲料水利用人口」欄は、日常主に使用している水源別の利用人口である。
3．海底送水、給水船等の島外水源による場合には、備考欄に「海底送水〇〇年度から」等と表記した。

都道府県名 指定地域名	島名	市町村名	住民登録人口 (4.4.1) A	水道利用人口（人）				普及率 B/A (%)	その他飲料水利用人口（人）				備考
				上水道	専用水道	簡易水道	計 B		井戸	流湧水	天水	計	
北海道 礼文島	礼文島	礼文町	2,321	－	－	2,308	2,308	99.4	－	13	－	13	

⑯．一般廃棄物処理状況（し尿処理）　フォルダー「1　項目別統計表（Excel）」「2　島別統計表（Excel）」「3　項目別統計表（PDF）」

1．本統計は、環境省環境再生・資源循環局において行っている「一般廃棄物処理事業実態調査」等に基づくものである。
2．計画処理区域内人口は、令和4年4月1日現在の住民登録人口である。
　(1)水洗化人口は、公共下水道、コミュニティ・プラント、し尿浄化槽に放流する人口である。
3．収集し尿処理内訳は、令和3年度実績である。

都道府県名 指定地域名	島名	市町村名	住民登録人口 (4.4.1) A	計画処理区域内人口（令和4年4月1日現在）				計画収集率 Y/(Y+Z) (%)	区域内人口比率 C/A (%)	収集し尿処理内訳（令和3年度実績）(kl／年)				施設処理率 D/E (%)	備考
				水洗化人口 X	非水洗化人口 計画収集人口 Y	自家処理人口 Z	計 C (X+Y+Z)			施設処理 D	下水道投入	農地還元その他	計 E		
北海道 礼文島	礼文島	礼文町	2,321	1,811	510	－	2,321	100.0	100.0	778	－	－	778	100.0	

⑰．一般廃棄物処理状況（ごみ処理）　フォルダー「1　項目別統計表（Excel）」「2　島別統計表（Excel）」「3　項目別統計表（PDF）」

1．本統計は、環境省環境再生・資源循環局において行っている「一般廃棄物処理事業実態調査」等に基づくものである。
2．計画処理区域内人口は、令和4年4月1日現在の住民登録人口である。
3．収集ごみ処理内訳は、令和3年度実績であり、粗大ごみは含まれていない。

都道府県名 指定地域名	島名	市町村名	住民登録人口 (4.4.1) A	計画処理区域内人口（令和4年4月1日現在）			計画収集率 B/A (%)	区域内人口比率 C/A (%)	収集ごみ処理内訳（令和3年度実績）(t／年)				施設処理率 D/E (%)	備考
				計画収集人口 B	自家処理人口	計 C			施設処理 D	直接資源化量	直接最終処分量	計 E		
北海道 礼文島	礼文島	礼文町	2,321	2,321	－	2,321	100.0	100.0	723	－	124	847	85.4	

⑱. 汚水処理状況　　　　フォルダー「1　項目別統計表（Excel）」「2　島別統計表（Excel）」「3　項目別統計表（PDF）」

1. 本統計は、令和4年4月1日現在の状況を下記の基準により集計したものである。
2. 「計画処理区域内人口」は、全県域汚水適正処理構想等に基づく計画数値である。
3. 「公共・流域下水道」は、公共下水道事業（国土交通省所管）・流域下水道事業（同）によるもの。特定環境保全公共下水道・簡易な公共下水道を含む。
4. 「農業集落排水」は、農業集落排水事業（農林水産省所管）によるもの。
5. 「漁業集落環境整備」は、漁業集落環境整備事業（水産庁所管）によるもの。
6. 「コミュニティ・プラント」は、コミュニティ・プラント整備事業（環境省所管）によるもの。
7. 「合併処理浄化槽」は、合併処理浄化槽設置整備事業（環境省所管）・特定地域生活排水処理事業（同）・個別排水処理施設整備事業（総務省所管）によるもの。し尿のみを処理する単独処理浄化槽は含まれない。
8. 「その他」は、小規模集合排水処理施設整備事業（総務省所管）・林業集落排水事業（林野庁所管）・簡易排水施設（農林水産省所管）によるもの、およびその他個人が設置した合併処理浄化槽であり、し尿のみを処理する単独処理浄化槽は含まれない。

都道県名 指定地域名	島名	市町村名	住民登録人口 (4.4.1) A	計画処理区域内人口（人）							区域内人口比率 B/A (%)	処理人口（人）							処理人口普及率 C/A (%)
				公共・流域下水道	農業集落排水	漁業集落環境整備	コミュニティ・プラント	合併処理浄化槽	その他	計 B		公共・流域下水道	農業集落排水	漁業集落環境整備	コミュニティ・プラント	合併処理浄化槽	その他	計 C	
北海道 礼文島	礼文島	礼文町	2,321	1,304	−	−	−	68	101	1,473	63.5	−	−	−	−	−	−	−	−

〔附　表〕　法律指定外離島の概要　　　　フォルダー「1　項目別統計表（Excel）」「3　項目別統計表（PDF）」

1. 本附表は、離島振興法等に基づく指定を解除された有人島、並びに法律指定を受けておらず陸上交通によって本土と結ばれていない有人島について掲載した。ただし、法律指定有人島を有するか、またはかつて有していた28都道県に関するものである。
2. 「島名」欄の※印は、離島振興法等に基づく指定を解除された離島である。
3. 人口並びに世帯数は、令和2年国勢調査人口・世帯数（確定数）である。
4. 面積は、国土交通省国土地理院の全国都道府県市区町村別面積調（令和2年10月1日）等に基づく数値である。
5. 島名の読み方については、原則として、国土地理院「地理院地図」、国土地理院・海上保安庁海洋情報部「地名集日本」などにしたがった。一部は地元で慣用的に使用されている読み方を採用した島もある。島名の英文表記は、ヘボン式によった。

都道県名	島　　名（name）	郡　名	市町村名	令和2年国調（確定人口）	世帯数	面積（km²）	備　考
宮城県	※大　島（O-shima）	―	気仙沼市	2,207	905	8.51	令和3年指定解除

〔附　図〕　離島位置図　　　　フォルダー「3　項目別統計表（PDF）」